LE
MAÎTRE
DE
MUSIQUE,
COMÉDIE,

EN DEUX ACTES
MELE'E D'ARIETTES
PARODIÉES DE L'ITALIEN.

Repréféntée pour la premiere fois par les Comédiens Italiens Ordinaires du Roi, le 28 May 1755.

Avec les changemens qui ont été faits depuis peu par l'Auteur dans le fecond Acte.

A BRUXELLES,

Chez JJ. BOUCHERIE, Imprimeur & Libraire ruë de l'Empereur.

Avec Privilege.
M. DCC. LVII.

ACTEURS.

LAMBERT, *Maître de Musique,* Mr Le jeune.

LAURETTE, *son Ecoliere,* Mlle Détrel.

TRACOLIN, *Entrepreneur d'Opéra.* Mr Durancy.

CLARINEL, Mr d'Hannetaire.

L'ECOLIERE, Mlle Nonancourt.

UN DOMESTIQUE DE LAMBERT.

UN VALET DE CHAMBRE.

LE MAÎTRE DE MUSIQUE, COMEDIE.

ACTE PREMIER.

SCENE PREMIERE.

LAMBERT, LAURETTE.

LAMBERT.

AIR.

Ah quel martire !
Sans cesse instruire !
Cent fois redire,
Sans rien produire,
C'est toujours pire,
Eh ! Laisse-moi,
Va, tais-toi.

A ij

LAURETTE *piquée.*

Eh bien , je me tairai. Je veux prendre la mouche
A mon tour.

LAMBERT,

Quoi ?

LAURETTE.

Suffit. Si j'ouvre encor la bouche...?

LAMBERT.

Mais... elle se fâche, je croi ?
Quoi tout de bon ?.. Oui par ma foi :
Oh parbleu le trait est unique !
C'est donc Mademoiselle à présent qui se pique?

LAURETTE.

Oui, Monsieur, je me lasse à la fin d'essuyer
A tout propos vos brusques intartades,
Et je vous dirai net que vos façons maussades,
Ont tout-à-fait le don de m'ennuyer.

LAMBERT.

Ah ! Voilà les grands airs qui viennent appuyer...
Mademoiselle joue au mieux l'impertinence;
Et pour faire dans peu l'Actrice d'importance,
Il ne lui manque plus, ma foi, que du talent.
Encor souvent on s'en dispense
En mettant à la place un ton bien insolent.

LAURETTE.

En ce cas là , Monsieur, je suis en bonne école,
Je puis très-bien l'apprendre ici de vous.

LAMBERT.

Bien répondu; comment? Tu sçais déja ton
    rôle,
  On ne peut mieux! Mais quand finirons nous?
Je me lasse à la fin de ce débat frivole,
  Veux-tu chanter une fois tout de bon?

LAURETTE.

Mais, comment voulez-vous qu'on chante?
  Le moïen de former un ton,
Quand de colere on a la voix tremblante?

LAMBERT *ironiquement.*

Eh bien, appaise toi.

LAURETTE *sechement.*

    Vous-même appaisez-vous,
Et sçachez m'écouter sans vous mettre en courroux.

LAMBERT.

Allons; il faut qu'un maître ait l'ame patiente.

Lambert se met au Clavessin. Laurette se place der-
riere lui, & le contrefait; elle fait mine de le
frapper, il se retourne, & il la fait mettre à
côté de lui. Elle chante; après quelques mesures,
Lambert témoigne qu'il n'est pas content par un
geste d'impatience.

LAURETTE.

Qu'avez-vous donc?

LAMBERT.

    Veux-tu que je te parle net?
Ce n'est pas là chanter.

A iij

LAURETTE.

Qu'est ce donc, s'il vous plaît?

LAMBERT.

C'est crier.

LAURETTE.

Mais Monsieur, il faut bien qu'on entende.

LAMBERT.

Eh ! l'on entend assez pour peu qu'on y prétende;
Je te l'ai dit cent fois, mauvaise invention;
   Un Chanteur croit faire merveille,
Quand d'un vain bruit il étourdit l'oreille ;
   Il croit forcer l'attention ;
Ah ! Qu'il est loin de son intention !
Chanteur qui pour mieux nous séduire,
Voulez être à la fois agréable & touchant;
   Que l'haleine du doux Zéphire,
   Qui de sa Flore à l'oreille soupire,
   Soit l'image de votre chant.
   Eh crois moi renvoyons aux Halles
Tous ces Chantres bruyans, qui sçavent seulement
   De leurs grands cris remplir nos Salles.
Recommençons.

AIR *de la Leçon.*

Un Pilote battu de l'orage,
Loin du port & du rivage,
Et bientôt près du naufrage,
De la fureur des vents sçait faire usage,
Et pour un tems céde à leur rage.

Laurette chante de nouveau, & chante bien; Lambert
témoigne qu'il est content.

LAMBERT.

Ah! Cela va bien maintenant.
Pour le coup c'eſt chanter.

LAURETTE *s'applaudiſſant.*

Quand on veut…

LAMBERT.

Mais de grace,
Dis-moi, pourquoi ne pas vouloir toujours?

LAURETTE.

Pour ſe faire valoir.

LAMBERT.

Eh ne ſuis point la trace
De ceux qui d'un tel art empruntent le ſecours,
Souvent un jour de négligence efface
De grands ſuccès, dont il ſuſpent le cours.
Tu ſçais qu'à toi je m'intereſſe ; écoute,
Si tu veux ſuivre mes avis ;
Et t'appliquer, je ne fais aucun doute
De te voir des ſuccès éclatans & ſuivis;
Et ſi ſincerement ta volonté s'y prête,
Je veux te rendre une Actrice parfaite.

LAURETTE.

Mais dans combien de tems?

LAMBERT.

Dans peu ſi tu le veux

LAURETTE.

Si je le veux ? C'eſt là le comble de mes vœux ;
Plaire au Public eſt mon unique envie,
Et de grand cœur j'y conſacre ma vie.
Je ne me ſens pas d'aiſe, & mon cœur ſatisfait,
Se fait d'un tel deſtin le plus charmant portrait.

A iiij

AIR.

Quel délice
Ne trouve point une actrice
Sur la Scène & dans la Coulisse!
L'un dans un doux délire
Admire,
Et puis soupire.
A l'autre on entend dire
Quel feu ! Quelle chaleur elle m'inspire;
Fort bien, très - bien.
Quel plaisir est le mien !
A peine je respire;
Et des pieds & des mains dans son transport.
Il claque, claque fort.
Ta ta ta ta ta, &c.   *Elle fait l'ac-*
Quel plaisir; quel délice   *tion d'aplau-*
N'éprouve point l'Actrice!   *dir.*
L'un dans un doux délire
Admire & puis soupire.
Plus loin? à l'autre on entend dire,
A peine je respire;
Fort bien, très-bien.
Quel feu ! Quelle chaleur elle m'inspire!
L'envie aura beau dire,
Il faut claquer bien fort,
Et d'un commun effort.

SCENE II.

UN DOMESTIQUE & les ACTEURS
de la Scène précédente.

LE DOMESTIQUE.

MONSIEUR, un Etranger d'une étrange
figure,
Demande à vous parler.

LAMBERT.

Faites entrer. (à Laur.) j'augure
A ce portrait que ce sera
Mon Entrepreneur d'Opera.
Il a l'air en effet d'une caricature.
C'est un original qui te divertira.

SCENE III.

LAMBERT, LAURETTE, TRACOLIN.

TRACOLIN.

AH! Cher Lambert, que je t'embrasse.
(Ils s'embrassent.)
J'étois gros de te voir & mon empressement
M'a fait quitter le Coche, où j'avois une place,
Pour arriver plus promptement.

LAMBERT.

Vous avez pris la poste?

TRACOLIN.

Non vraiment.
Je trouve qu'elle me tracasse,
J'ai fait ma route à pied tout franchement;
Pour la santé je tiens qu'il est propice
De faire ainsi quelque peu d'exercice.

Laurette rit, & Tracolin qui l'apperçoit dit à Lambert.
Mais quel'est ce charmant objet?

(en souriant)

Est-ce ta sœur.... ta femme... ou bien..

LAMBERT,

C'est un sujet
Que j'éleve pour le Théatre.

TRACOLIN.

Vraiment j'applaudis au projet,
De ses talens déja je me sens idolâtre;
Quelle mine ! Quel jeu! Quelle voix!

LAMBERT.

Par hazard,
Pour en parler ainsi, l'auriez-vous entendue?

TRACOLIN.

Oh cela ne fait rien ; nous autres gens de l'art;
Nous n'avons pour cela besoin que d'un regard,
Et nous jugeons d'une voix à la vûe.

LAURETTE.(*à part éclatant de rire.*)

Oh! Qu'il est drôle!

TRACOLIN.

Avec un tel minois,
A-t'on jamais manqué de voix ?

LAMBER,

Il eſt vrai, ſa voix eſt jolie ;
Mais pour la cultiver, il faut encor du ſoin ;
La voix n'eſt rien, ſi l'art ne l'a point embellie :
Et d'ailleurs la Chanteuſe eſt encor aſſez loin,
D'une Actrice en tout accomplie.

TRACOLIN.

Bon, bon, le Public au beſoin,
Prête tous les talens à la ſeule figure.
Elle plaira ſans cela je te jure.

LAMBERT.

Oui, voilà comme on gâte aujourd'hui les talens ;
A la toilette on dit cela, mais au Théâtre
On éprouve ſouvent qu'il en faut bien rabattre.

TRACOLIN.

Moi ſur la foi de ces yeux ſemillans ,
Je n'en rabatterai rien , & donne ma parole
Qu'elle aura des ſuccès brillans.

LAMBERT (*à part.*)

Mais je crois qu'à deſſein le traître la cajole

LAURETTE.

Monſieur, aſſurément je ne mérite pas
Qu'on faſſe tant d'accueil à de foibles appas.

LAMBERT.

C'eſt en effet vanter un peu trop ſon mérite.

TRACOLIN *avec vivacité*

Eh mais je dois m'y connoître , je crois.

Je dis, & je redis que voilà les minois
Qui souvent du Public attirent la visite.

LAMBERT à part.

Je soupçonne fort qu'il médite
Un tour de sa façon

LAURETTE (à Tracolin.)

Mais, Monsieur, dites-moi,
Dois-je à tous vos propos ajouter quelque foi ?
Ne me flatez-vous point ?

TRACOLIN.

Non, je vous rends justice.

LAURETTE

AIR.

Suis je bien pour une Actrice,

Vrai ? Suis-je bien ?

Dites-moi sans artifice,

Croyez-vous qu'on applaudisse

Ce maintien,

Suis-je bien ?

Je n'ose me flatter de rien.

Croyez-vous qu'on m'applaudisse,

Qu'en Public, je réussisse ?

Mais hélas !

N'ai-je pas

L'air trop novice, eh ?

Pour une Actrice; eh ?

Pour la Coulisse., eh ?

Je n'ose me flatter de rien.

TRACOLIN *avec transport en l'embraffant.*

Eh non, ma Reine, non, vous êtes trop char-
    mante !
  Vous, l'air novice ! Ah quel travers !
  Dans l'art de plaire , & fes moyens divers
    On ne peut-être plus favante.
Vos graces, vos talens, votre voix, tout m'en-
    chante ,
  Tout me tranfporte.

LAMBERT *(à part.)*

    Oh ! Oh ! Comme il prend feu !
  Ma foi, ceci paffe le jeu.

(à Laurette.)

Vous fentez bien , je crois, que ce langage
    Vife tout droit au perfiflage.

TRACOLIN.

  Non, d'honneur je lui fais l'aveu
De ce que je reffens.

LAMBERT.

      Brifons là , je vous prie ,
C'eft en ce cas Pouffer trop loin la flatterie ;
Et vous devez fçavoir que d'un pareil encens,
La vapeur eft mortelle à de jeunes talens.
Je préfume qu'ici vous venez pour affaires ,
  Et nos propos ne les avancent guéres.

LAURETTE *[à part.]*

Moi , je préfume à ce ton aigredoux,
  Que de cet homme il eft un peu jaloux;
Et dans le fond du cœur, j'en ai l'ame ravie;
J'en ferai mon profit.

LAMBERT.

Si vous avez envie
D'avoir de bons sujets, vous arrivez à point,
En ce moment mon école est fournie,
Comme je crois qu'ailleurs vous n'en trou-
　　verez point.

TRACOLIN.

Je sçais qu'on a toujours chez vous trouvé l'Élite
De toutes sortes de Talens,
Et vos sujets sont excellens,
Si sur Mademoiselle, on prise leur mérite.

[*Il fait une révérence à Laurette.*]

LAURETTE.

[*Ils font un jeu de révérences réciproques.*]
Monsieur...

LAMBERT (*avec chagrin.*)

Eh laissons là, je vous prie, à l'écart,
C'est le moindre sujet qui soit dans mon école ;
Vous en verrez tantôt qui sont sur ma parole,
Bien au-dessus pour la voix & pour l'art ;
Et qui sçavent surtout faire valoir un rôle.
Je puis dire sans me flatter
Qu'il n'est aucune école en talens plus féconde,
Il en est peu qui brillent dans le monde,
Dont je ne puisse me vanter.

AIR.

Oui, nos Chanteuses,

Les plus fameuses,

Qui des sçavans

Enchantent les sens ;

Me doivent toutes tous leurs talens.

Sons permanens ,

Tons fulminans;

Tremblemens ,

Paffagers , roulemens ,

Grands intervalles furprenans ,

Toutes me doivent tous leurs talens.

TRACOLIN.

Je connois, cher Lambert, ta fcience profonde,
Je fçais que ton école en grands fujets abonde.
Mais tout ces prodiges fameux,
Ces grandes voix, ces talens merveilleux,
Ne font pas après tout, quelque efpoir qu'on y
 fonde,
Le fecret le plus fûr d'attirer bien du monde.

AIR.

Je veux tout bas

Te dire où git le cas.

Pour faire un grand fracas ,

Ayons filles

Gentilles ,

Ne penfons qu'à celà ;

Car tout dépend de là.

Oui, mon cher, je te le déclare,
Je ne veux pas du parfait, du fi rare,
Je me contente à moins , & ce jeune fujet,
Par exemple, feroit précifement mon fait.

LAMBERT.

Ouida ? (*à part*). L'y voilà donc le traître;

LAURETTE. [*à part*]

Bon. Pour le coup il en tient mon cher maître;

TRACOLIN.

Qu'en dis-tu ? N'est-tu pas content de mon projet?

LAMBERT.

Non, Laurette n'est point encor assez formée.

TRACOLIN.

Oh ! Je la formerai, laisse-moi faire.

LAMBERT.

Non,

Je n'y puis consentir, de moi, que diroit-on,
   Qui me suis fait un peu de renommée,
Si je laissois produire ainsi de ma façon
   Un sujet qui ne fut pas bon ?

TRACOLIN [*à part.*]

J'entends, c'est pour lui qu'il la garde.

LAMBERT.

Même Laurette auroit tort d'y songer:
Un sujet peu formé qui trop tôt se hasarde,
   S'expose beaucoup au danger
D'échouer sans retour. (*à part.*) Si je n'y prenois
   garde ,
Il me l'enleveroit; surtout il ne faut pas
les laisser seuls.

SCENE IV.

SCENE IV.

LES ACTEURS *de la Scène précédente.*

UN DOMESTIQUE,
& UN VALET DE CHAMBRE.

LE DOMESTIQUE *à Lambert.*

MONSIEUR, on vous demande.

LAMBERT *avec impatiénce.*

Qu'eſt - ce ?

Faites entrer.

LE VALET DE CHAMBRE.

Monſieur, Madame la Ducheſſe
Vient d'envoyer un Caroſſe là-bas,
Pour vous mener à l'Hôtel de ce pas ;
C'eſt m'a-ton dit pour affaire qui preſſe.

LAMBERT.

Pour affaire qui preſſe.... Oh je gagerois bien
Que cette affaire eſt moins que rien.
Allez dire à votre Maîtreſſe
Qu'il ne m'eſt pas poſſible en ce moment.

LE VALET DE CHAMBRE.

Monſieur, je n'oſerois ; j'ai trop expreſſément
L'ordre de vous mener ; vous ſçavez que Ma-
    dame
Veut bien ce qu'elle veut, & ſurtout prompte-
    ment ;

LAMBERT.

Oh l'importune femme !
Elle prend bien son tems ! Mais vous êtes té-
     moin
Qu'ici je suis maintenant en affaire,
Voilà, Monsieur, qui vient tout exprès de fort
     loin,
Il faut l'expédier.

TRACOLIN.

Cela n'importe guére,
Nous en aurons de reste le loisir ;
Je ne vous retiens point du tout ; bien au con-
     traire
Je vous prîrai d'aller promptement satisfaire
A ce qu'on veut de vous.

LAMBERT [à part.]

Je le crois, son désir
Est de me voir bien loin. Ah le maudit message !

LE VALET DE CHAMBRE:

Monsieur, vous n'avez plus de prétexte.

LAMBERT.

J'enrage.

LE VALET DE CHAMBRE.

Décidez-vous ; plus tard vous partirez, plus tard
Vous serez de retour.

LAMBERT.

Cheinne de destinée !

(à Tracolin.)
Mais je pourrois vous mener quelque part.

TRACOLIN.

Non, je n'ai point affaire ailleurs de la journée.

LAMBERT (*à part.*)

Ah le bourreau ! Je pars, mais je revins soudain,
Pour prévénir ou rompre son dessein.

SCENE V.

LAURETTE, TRACOLIN.

TRACOLIN. (*à part*)

Il est enfin parti. Notre attente est remplie ;
Nous voilà seuls. Ma foi, la friponne est jolie,
Elle seroit mon fait de plus d'une façon ;
Si ma main lui convient je mords à l'hameçon,
Et par raison j'en ferai la folie.

LAURETTE (*à part.*)

Cet homme assurément s'apprête à m'en conter,
Il ne faut pas le rebuter,
Que sçait-on ?.... Après tout qui voudra mordre y
morde ;
Il est bon à son arc d'avoir plus d'une corde.

TRACOLIN (*à Laurette.*)

Mademoiselle en vérité ...
Vous me plaisez beaucoup.

LAURETTE.

Monsieur....

TRACOLIN.

Sans vanité

Je paſſe pour juger aſſez bien du mérite,
Et le Public par fois m'en félicite :
Je ſuis du vôtre, en honneur, enchanté
Je trouve tout chez vous, talent, grace, beauté.

LAURETTE.

Vos éloges, Monſieur, me rendent interdite.

TRACOLIN (*d'un ton tendre & badin.*)

Même s'il faut tout dire avec ſincerité,
Je ne ſçais quoi .. tout bas... pour vous me ſolli-
　　cite ;
La... certain mouvement, qui fait qu'on eſt tenté...
Comment l'appelez-vous ?... Eh ! Dites ma petite.

(Il lui prend la main.)

LAURETTE (*affectant de l'embaras.*)

D'un tel propos, Monſieur... la nouveauté ..
Me trouble... & d'en rougir j'ai la ſimplicité.

TRACOLIN.

Quoi tout de bon? Vous en êtes encore
A ces miſere là ? Vous vous mocquez, je crois,

LAURETTE.

Oui, ma joue aiſément de honte ſe colore,
Je ſuis ſi ſotte encor que malgré moi
Ce ſentiment me fait toujours la loi.

AIR.

La pudeur qui me guide
Me rend timide,
Je n'ose lever les yeux.
Si quelque curieux
Auprès de moi se place,
Et me regarde en face ;
Je suis toute honteuse de cela.
Ma langue s'embarasse,
En lui disant, de grace,
Souffrez, Monsieur, que je passe,
Je ne puis rester là,
Où me voilà,
La pudeur, &c.
Si quelque téméraire
Pousseroit trop loin l'affaire,
Moi, qui suis bonne, & ne me fâche guére,
J'excite ma colere,
Et lui dis d'un ton sévere
Mais finirez-vous donc, Monsieur ;
Sçachez qu'on est fille d'honneur,
Sçachez qu'on a de la pudeur.

TRACOLIN.

Ah fine mouche ; Va, je connois ta malice ;
C'est moi qu'ici tu traites en novice,
En me faisant ces contes bleus ;
Mais j'en crois moins ta bouche que tes yeux,
Et les fripons décélent l'artifice.
Allons au fait ; car aussi bien,
Lambert peut revenir troubler notre entretien ;

Veux-tu de moi ? Tu m'as fçu plaire,
Et fi tu veux combler mes vœux,
Je puis te faire un fort heureux.
Qu'en dis-tu ? Ton cœur délibere ?...:

LAURETTE.

Monfieur, la propofition
Mérite bien quelque réfléxion ;
Et je vous paroîtrois fans doute un peu legere,
Si je brufquois en pareille matiere,
Au premier mot, une décifion.

TRACOLIN.

Ma chere il faut toujours brufquer l'occafion,
Qui la laiffe échapper ne la retrouve guére.

LAURETTE.

Mais Lambert voudroit-il...

TRACOLIN.

Qu'en avons-nous à faire,
N'es-tu pas aprés tout maîtreffe de ton fort ?

LAURETTE.

Il eft vrai : cependant je crains de lui déplaire ;
Et la reconnoiffance eft un lien bien fort.

TRACOLIN.

Oh ! La reconnoiffance à tort,
Lorfqu'à fon intérêt on la trouve contraire,

LAURETTE

Vous êtes bien preffant.

TRACOLIN.

Pourquoi tant de myſtere ?
Couſulte ſeulement ton inclination ;
Le Théâtre eſt l'objet de ton ambition,
Lambert à ton déſir s'oppoſe,
Moi, j'applaudis à ton intention,
Et c'eſt préciſément ce que je te propoſe.
Viens ſoutenir ma réputation.
A ce métier j'ai gagné quelque choſe,
Tout eſt à toi ſi tu le veux.
En habits, en bijoux formes-tu quelques vœux ?
Dis, tu feras à point nommé ſervie.
Dans les feſtins & dans les jeux
Tu meneras au gré de ton envie,
La plus charmante vie ;
Enfin ma Reine chaque jour,
Sera la fête de l'amour.

A I R.

Si d'une ame
Propice à ma flâme,
Tu deviens ma femme,
En bombance,
En magnificence,
Je ferai dépenſe ;
Mais ſurtout plein de complaiſance,
De prévénance,
En ſilence,
Tout je verrai :
Par prudence
Je dormirai :
Si l'on danſe,
Je danſerai :

Sans partage
Dans mon ménage,
Ton suffrage
Fera toujours la loi,
Sans dire pourquoi.
Si d'une ame, &c.

SCENE VI.

LES PRECEDENS.

LAMBERT *au fond du Théâtre qui les observe.*

TRACOLIN.

ALLONS, ma chere,
Rends-toi, consens à faire mon bonheur,
(*Il se jette à ses genoux.*)
Je te jure à genoux une éternelle ardeur.

LAMBERT. *au fond du Théâtre.*

A ses genoux ! Le téméraire !

TRACOLIN *aux genoux de Laurette.*

Tu ne dit rien, aurois tu peur
Que mon discours fut peu sincere !
Ah ! Quitte une vaine frayeur,
Regarde dans mes yeux, tu liras dans mon cœur.

*Ici Lambert qui s'est approché tout doucement passe
sa tête sur l'épaule de Laurette à l'opposite de Tracolin. Laurette fait un cri de surprise & s'éloigne*

un peu ; Tracolin étonné de cette vision, ouvre de grands yeux, & demeure quelque tems vis-à-vis de Lambert, dans une attitude burlesque. Il se réleve tantôt cherchant des yeux Laurette, tantôt les fixant sur Lambert. Après quelque moment de scène muette, Lambert rompt le silence & commence le Trio suivant.

TRIO EN DIALOGUE.

LAMBERT.

Le feu me monte au visage,
Voilà donc tout l'avantage
D'avoir formé son bas âge ;
Pour le prix de tant de soins,
   Cette volage .
Avec un autre s'engage,
   Quel outrage !
Et mes yeux en sont témoins.

TRACOLIN.

J'avois fait un heureux voyage,
Et sans crainte du naufrage,
Je bravois déja l'orage ,
Quand le vent qui devient fort,
   Et qui fait rage ,
Me repousse du rivage ,
   Quel dommage !
J'alloi s'entrer dans le Port.

LAURETTE.

Je guettois dans un bocage
Un Oiseau d'un beau plumage ,

Un chasseur sonnant du cor,
    Faisant tapage,
L'effarouche, & lui fait prendre l'essor,
    Quel triste sort!

ENSEMBLE.

Soins perdus ! Inutile effort !

LAMBERT.

J'avois formé son bas âge.

TRACOLIN.

J'avois fait un bon voyage.

LAURETTE.

Je le guettois au passage.

ENSEMBLE.

LAURETTE.

Un chasseur sonnant du cor,
    Faisant tapage,
Lui fait prendre son essor.

TRACOLIN.

Je touchois presque au rivage,
    Quel dommage !
J'allois entrer dans le Port.

LAMBERT.

En voilà tout l'avantage,
    Quel outrage !
Méritois-je un pareil sort ;

Ensemble.

(*seul.*) Un autre aujourd'hui l'engage
La volage !

TRACOLIN.

Je touchois presque au rivage,
Quel dommage !

LAURETTE.

Moi, j'allois le mettre en cage.

TRACOLIN.

Quel dommage !

LAMBERT.

La volage !

LAURETTE.

Un chasseur sonnant du cor ;
Faisant tapage,
Lui fait prendre son essor.

TRACOLIN.

Quel dommage !
J'allois entrer dans le Port.

LAMBERT.

Quel outrage !
Méritois-je un pareil sort ?

Ensemble.

(*seul.*) Méritois-je un pareil sort !

TRACOLIN.

J'allois entrer dans le Port.

LAURETTE.

Mois, j'allois le mettre en cage ;
Il prend l'essor,
Quel triste sort !

Fin du premier Acte.

ACTE II. *

SCENE PREMIERE.

TRACOLIN, une Ecoliere de LAMBERT.

TRACOLIN.

Air.

OH la puiſſante querelle !
Mais il faut en rire tout bas.
Lambert jure après ſa belle
Pour jamais il renonce à l'infidelle,
Il m'a ſurpris avec elle,
Il ne s'en poſſede pas.
Cela le met en cervelle,
Eſt-ce donc choſe ſi nouvelle ?
Tel qui rit eſt dans le cas,
Sans faire tout ce fracas.

---

* L'Acte ſecond, tel qu'il étoit d'abord, ayant paru trop
ſérieux & trop uniforme, l'Auteur y a fait les changemens
qu'on va lire ; il ſouhaite que le Public daigne agréer les ef-
forts qu'il a fait pour lui plaire, & l'encourage à en tenter de
nouveaux.

Au fond c'eſt forr bien fait, & cette humeur
ecommode
    Avec raiſon eſt la plus à la mode;
    Car enfin, pourquoi ſe fâcher
    De ce qu'on ne peut empêcher!
Qu'eſt-ce qu'en pareil cas le courroux racom-
mode?
    Vaut-il pas mieux chez le voiſin
    En aller paſſer ſon chagrin?
    Ma foi, la meilleure methode,
Le parti le plus ſage eſt de ne dire mot;
Car celui qui ſe fâche en eſt deux fois plus ſot.

L'ECOLIERE.

Mais j'aimerois aſſez cette morale.

TRACOLIN.

    Ouida! ſans peine je le crois.
Dans ce regard fripon je lis que quelquefois
Il faudra qu'un Amant près de toi la ſignale.

L'ECOLIERE.

Non, car j'ai peur du moindre engagement,
Et j'ai bien bien réſolu de n'avoir point d'Amant.

AIR.

Le badinage,

L'humeur volage,

Sont du bel âge,

L'heureux partage;

Quand on s'engage

On n'eſt pas ſage,

Et les regrets

En ſont bien près.

TRACOLIN.

Oui, l'on connoît ce langage ordinaire,
Il ne trompe personne. Eh mais ne hait-on pas
Que sur ce point, ainsi que sur maint autre cas,
Jeune fille souvent dit tout haut le contraire
        De ce qu'elle pense tout bas.

L'ECOLIERE.

    Vous me croyez donc peu sincere?

TRACOLIN.

Oüi ma Reine; & sans faire injure à vos appas,
Je ne vois à vrai dire en toute cette affaire
        Que vos yeux qui ne mentent pas.
Allons, quittons la feinte; à quoi bon ce mystere,
        Pourquoi d'inutiles combats,
Quand on peut lire ailleurs d'une façon si claire,
Ce que la bouche envain s'obstinoit à nous taire?

L'ECOLIERE.

Il faut donc parler vrai?

TRACOLIN.

        Ce sera beaucoup mieux;
Belle bouche toujours doit être
Du même avis que deux beaux yeux.

L'ECOLIERE.

Allons, je vois qu'il faut paroître
A vos yeux sans déguisement,
Puisqu'aussi bien vous sçavez quand on ment.

AIR *de l'Echo.*

Que c'est un plaisir extrême!

D'entendre dire je t'aime,

Et de répondre de même,

Quand on se jure tour à tour
„ Amour , amour.
On a beau vanter sans cesse.
Les Grandeurs & la richesse ;
Qu'est-ce au prix de la tendresse ?
Les Amours sans leur secours
Nous filent d'heureux jours
Ah pourquoi sont-ils si courts !

Que c'est, &c.

TRACOLIN.

Ah ! pour le coup j'entends un langage sincere ,
Voilà du vrai , du plus vrai que cela.
Mais ce n'est pas là tout , il faudroit pour bien faire
Réaliser un peu....

(*Il veut la caresser.*)

L'ECOLIERE *le repoussant.*

Paix donc... Qu'entends-je là ?...
Ecoutez... là dedans je crois qu'on est en fête.

TRACOLIN.

En effet, c'est Lambert qui gronde & qui tempête ;
Près de sa belle il prend souvent de tels ébats.

L'ECOLIERE.

En ce cas là, Monsieur , il ne faut pas
Troubler mal-à-propos un tendre tête à tête ,
Fuyons plus vîte que le pas.

(*Ils sortent précipitamment.*)

SCENE II.

LAMBERT, LAURETTE.

LAMBERT.

AIR.

Non je suis trop en colere,
Me diras-tu le contraire,
Quand moi-même, j'ai vû le temeraire
Qui te faisoit les yeux doux ?
Pour quoi faire
Etoit-il à tes genoux ?
Vaine ruse !
Mauvaise excuse !
Me crois-tu donc assez buse,
Pour m'en laisser amuser?
Mais voilà comme on s'abuse
Quand on pense m'abuser.
Non je suis, &c.

LAURETTE

Mais de sang froid si vous daigniez m'entendre !

LAMBERT.

Non je n'écoute rien.

LAURETTE

Cependant c'est bien fort

De

De condamner ainſi les gens d'abord
Sans leur donner le tems de ſe défendre.

LAMBERT.

J'ai peine à retenir un trop juſte tranſport,
    Quand ſur le fait je viens de la ſurprendre
A ſe juſtifier elle oſe encor prétendre !

LAURETTE.

L'apparence & le vrai ſont ſouvent peu d'accord
    Qui les confond riſque de ſe méprendre ,
On la vû mille fois.

LAMBÉRT.

        Oh ! c'eſt toujours leurs fort :
Pour bien juger en affaires pareilles ,
Il faut ſur-tout reculer le rapport
    De ſes yeux & de ſes oreilles ;
Croire qu'on eſt aveugle, en voyant à merveilles ;
    Enfin je ne ſçais par quel ſort ,
Ecoutez une femme , elle n'a jamais tort.

LAURETTE.

Mais quel juge à jamais prononcé la Sentence
Sans avoir pris du fait entiere connoiſſance ?

LAMBERT.

Mais qu'ai-je ici beſoin de plus grandes clartés ,
Quand j'ai de mes deux yeux tout vû ?

LAURETTE.

        Je veux le croire ,
Et demeure d'accord des faits que vous cités ,
Oui vous avez tout vû.

LAMBERT.

        Qu'elles rares bontés
De convenir d'un fait quand il eſt notoire !
C

LAURETTE.

Mais qu'est-ce dans le fonds dont vous vous
  irrités,
Et qu'avez vous tant vû qui me rende si noire?

LAMBERT.

Mais.:. dis... me crois tu donc tout à fait dé-
  pourvû
    De jugement & de memoire?
  Ce que j'ai vû !

LAURETTE.

      Oui qu'avez vous tant vû?
Je le répete encore.

LAMBERT.

      Oh l'impudence extrême !
Quoi je n'ai donc pas vû le traitre à tes genoux?

LAURETTE *froidement.*

Vous avez du le voir étant si près de nous.

LAMBERT.

L'ai-je pas entendu te déclarer qu'il t'aime,
Te presser, te flatter des propos les plus doux

LAURETTE.

Peut-être avez vous mieux entendu que moi-
  même ;
Tout le monde n'a pas l'oreille d'un jaloux ;
    Mais enfin qu'en conclurez vous?

LAMBERT.

  Q'on ne peut être plus ingrate,
  Plus perfide, plus scelérate,
  Que toute femme est un serpent,
  Qui le réchauffe & qui le flate,
  Le moment d'aprés s'en repent,

Le naturel pervers éclate,
Et le bienfaiteur imprudent
En est toujours payé d'un coup de dent.

A I R.

Déformais
Je sçaurai mieux m'en défendre,
J'éprouve trop à quoi l'on doit s'attendre,
Quand on se laisse surprendre
A de perfides attraits
J'ai sçu l'apprendre
Je ne l'oublirai jamais.

L A U R E T T E.

Allons avez vous bien exhalé votre bile,
Et n'avez vous rien gardé sur le cœur !
Peut-être serez vous plus calme & plus tran-
quillle
Après cet accès de fureur,
Et pourrez vous entendre une leçon utile.
L'Amour est un enfant complaisant & docile
Quand on le traite avec douceur ;
Mais d'un jaloux la mine lui fait peur,
Il s'effarouche, & cherche un autre azyle
Dès qu'il entend le ton grondeur ;
Et s'il prend une fois son essor par malheur,
Le rappeller n'est pas chose facile.

A I R.

Qu'espere un Amant
De son jaloux emportement ?
D'un plaisir charmant
Il se fait un cruel tourment
On lui pardonne
S'il papillonne
C ij

De fleur en fleur;
Pourvû que sans peine,
L'amour le ramene
A son premier vainqueur :
Mais un sauvage
Qui prend ombrage
D'un badinage
Fi, eh fi
Franchement je vous le dis,
Il faut en aimant
Etre toujours content,
Prévenant,
Complaisant,
Accomodant.
Toujours amusant
Et s'il le faut chantant ;
Dansant,
Folâtrant,
A tout moment.
Mais un sauvage
Pour rien faisant tapage ;
Qui prend ombrage
Du moindre badinage,
Il n'est pas sage,
Je vous le dis,
Fi eh fi,
Franchement je vous le dis.

LAMBERT.

Ah j'ai tort en effet ; c'est être bien sauvage
Que de ne vouloir pas tranquillement souffrir
Que sous mes yeux une autre vienne offrir
En liberté ses vœux & son hommage.

LAURETTE.

Mais si sans le vouloir je plais à d'autre yeux
De quoi suis-je donc si coupable ?
Faudroit-il pour vous plaire mieux
Qu'à tout autre que vous je parusse effroyable ?
C'est un goût ce me semble assez capricieux,
Qui pour l'objet aimé n'est pas fort honorable
Que vouloir être seul à le trouver aimable.

LAMBERT.

Le détour je l'avoue est fort ingenieux,
Je trouve de l'esprit à celui qui l'invente,
Mais je trouve bien sot celui qui s'en contente

LAURETTE

Eh bien puisqu'il vous faut parler sans nul détour.
Allons au fait sans rien confondre ;
Vous avez vû qu'il me parloit d'amour
Mais m'avez vous vûe y répondre ?

LAMBERT.

Oh ! c'est encor un artifice usé
Qui ne sçauroit tromper l'homme le moins rusé ;
On sçait bien qu'en pareille affaire,
Pour bien répondre il suffit de se taire ;
Les yeux sçavent parler un langage si doux,
Que c'est en dire assez que souffrir sans colere
Un temeraire à ses genoux.

LAURETTE.

Vous croyez donc que j'approuve sa flâme ?

LAMBERT.

Je dois le croire après ce que j'ai vû.

LAURETTE.

Qu'un homme qui m'est inconnu,
En se montrant à sçu gagner mon ame.

LAMBERT.

Belle raifon ! pour une femme
C'eft un titre de plus qu'être nouveau venu.

LAURETTE.

Ingrat ! puifque tu fais cette infulte à ma gloire
Va, je te donnerai des raifons de le croire ?
        Et je fçaurai te fournir un peu mieux
Deq uoi réalifer ce doute injurieux ;
    Oui je fçaurai l'aimer ; & fi cette victoire
        Pouvoit coûter quelque peine à mon cœur,
Je te fçaurai fi bien bannir de ma memoire,
    Qu'il le prendra pour fon premier vainqueur.

AIR.

Ingrat je romps ma chaîne,
Je te promets
Toute ma haine
Pour jamais.

(*Elle fait femblant de dire à part ce qui fuit.*)

„ Hélas ! j'ai beau le dire
„ Mon cœur ne le penfe pas,
„ Il foûpire
„ Tout bas.

LAMBERT *à part.*

Mais... elle pourroit bien n'être pas fi coupable.
Je connois Tracolin, il eft avantageux,
Et ne doute jamais du fuccès de fes vœux :
De fon audace au fond eft-elle refponfable ?..
    Je crains d'avoir un peu legerement
Ecouté la chaleur d'un premier mouvement...
Le pis eft qu'à fon tour elle fera la fiere,
    Si je conviens de mon emportement...
Que faire cependant ? je ne vois pas comment
Je pourrai fans cela raccommoder l'affaire.

(*Il se met à rêver.*)

LAURETTE *à part.*

A la fin j'ai donc sçu calmer ce grand courroux!
Ce n'est pas assez pour ma gloire
Et pour achever ma victoire
Il faut qu'il tombe à mes genoux.

SCENE III.

LES PRECEDENS.

CLARINEL! *Maitre de Musique ridicule.*

LAMBERT *à part.*

ALlons quoiqu'il m'en coûte
Il faut bien s'y résoudre.
     (*haut.*)
       Oh ça Laurette écoute,

Je veux...

CLARINEL *se mettant entre deux.*

Pardon, Monsieur, si je suis importun.
Je viens de composer un morceau de musique,
Oh quel morceau! C'est du plus magnifique.

LAMBERT.

Monsieur je veux le croire.
     (*à part.*)
       Eh quoi toujours quelqu'un
Viendra m'importuner.

CLARINEL.

      D'honneur il est unique;
Cherchez dans tous les airs & faites m'en voir un,
Je vous dis un, qui fasse au mien la nique.

LAMBERT.

Je n'en veux point douter Monsieur, mais...

CLARINEL.

Je me pique
De montrer en tout genre un talent peu com-
      mun ;
Mais j'excelle sur-tout dans le grand pathétique.

LAMBERT.

Encore un coup Monsieur volontiers je le crois,
Mais si vous vouliez bien venir une autrefois.

CLARINEL.

Non ; il est peu d'occasions propices,
Croyezmoi-saisissez au toupet celle-ci ;
Car je fais cas de vous, & j'aurois du souci
    Que de mon air un autre eût les prémices,
      J'en serois outré.

LAMBERT.

Grand merci,
Mais à vous dirai vrai, je suis outré moi-même
De n'avoir par le tems.

CLARINEL.

Il ne faut qu'un moment,
Auquel vous n'aurez pas regret assurément.
Mais je vous l'avourai, ma surprise est extrême.
    Quoi vous montrez si peu d'empressement,
    Quand je vous fais une faveur suprême
Que tant d'autres auroient saisie avidement !
Je devrois en avoir quelque ressentiment.
Mais pour vous faire voir à quel point je vous
      aime,
Je veux vous rendre heureux en dépit de vous
      même ;

Parbleu! vous entendrez mon air, abfolument.

LAMBERT (*à part.*)

Je vois bien qu'il n'eſt pas aifé de s'en défendre,
Et je crois que j'aurai plutôt fait de l'entendre.

(*à Clarinel.*)

Allons, Monſieur, voyons, ſi c'eſt votre déſir.

CLARINEL.

Vous allez avoir du plaiſir,
Ecoutez bien.

(*Il prélude*)

Mais à propos je penſe
Qu'il faut avant vous mettre au fait de l'action ;
Afin que du ſujet prenant l'intelligence,
Vous ſentiez mieux du chant toute l'expreſſion.

LAMBERT.

Eh ! Monſieur, le ſujet de lui même s'explique !
Voyons tout d'un coup la Muſique,
J'en ſuis impatient.

CLARINEL

Ouida ! je m'en doutois,
Et de votre bon goût je me le prometois ;
Vous vous faiſiez pourtant d'abord tirer l'oreille ;
Mais je n'en étoit pas la dupe, & j'y comptois ;
Je connois mes gens à merveille.

LAMBERT.

Daignez donc satisfaire à mon empreſſement ;
Si vous ſçaviez combien je ſouffre en ce moment,
Du tems que nous perdons en ces diſcours
frivoles !

CLARINEL.

Allons donc.

(*Il prélude.*)
A propos remarquez bien les vers ?

LAMBERT.

Encor !

CLARINEL.

Je les ai faits, & même les paroles.

LAMBERT *à part.*

Ah j'étouffe ! Il me prend des mouvemens divers
De le jetter dehors par les épaules.

CLARINEL *touffant.*

Je suis d'un rhume affreux ; l'hyver très-discour-
tois
Semble en vouloir surtout aux belles voix.

(*Il chante ridiculement l'air suivant.*)

A I R.

Ah ! mon cœur soupite,
Ah ! Cloris j'expire,
Mais quand tu vois ce fier martyre,
En dois-tu rire ainsi
Sans en avoir aucun souci.
Mais enfin ; il faut prendre un parti ?
Je renonce à l'inhumaine,
Et d'une si rude chaîne
Pour jamais enfin je suis sorti.

(*à Lambert après qu'il a chanté.*)

Eh bien vous semble t'il digne un peu qu'on
l'admire ?

LAMBERT.

Il est digne de vous Monsieur, & c'est tout dire.

CLARINEL.

Je fuis ravi qu'il foit de votre goût ?
Et je vais hardiment le produire partout.
A dieu.   (*Il s'en va.*)

LAMBERT.

Je fuis au bont de mon martyre;

Clarinel revient pour faire admirer à Lambert diffe-
rens traits de l'air qu'il a chanté, celui-ci par-
vient enfin à le me mettre dehors, & ferme la porte
à double tour.

Pour empêcher fon importun retour
Je crois qu'il faut fermer la porte à double tour.

Clarinel chante encore par le trou de la ferrure.

SCENE IV.

L'AMBERT, LAURETTE.

LAMBERT.

EST-il pire fléau que ces fots perfonnages
Qui vont affaffiant les gens de leur ouvrages !
Que de plus loin chacun fuit à grands pas,
Qui font la bête noire & ne s'en doutent pas !
          (*à Laurette.*)
Que t'en femble Laurette ? Eft-il pire fupplice
Dont le courroux du ciel quelquefois nous
          puniffe?

LAURETTE

Le ciel vous a traité, Monfièur, bien doucement
Si c'eft à votre avis fon plus dur châtiment,
Il en eft au-deffus, & j'en connois fans doute.

LAMBERT.

Ah tu boudes encor ! Oh ça, Laurette, écoute;
J'ai trop cedé peut-être à mon premier tranſport;
Un rien met quelquefois la cervelle en déroute,
Je veux croire qu'au fond tu n'a pas tant de tort
　　　　Faiſons la paix & d'un commun accord
Oublions le paſſé.

LAURETTE

　　　　Non, Monſieur, au contraire;
Je crois qu'il faut très-fort s'en ſouvenir,
Pour n'avoir plus querelle enſemble à l'avenir.

LAMBERT.

Nous n'en aurons plus je l'eſpere.

LAURETTE.

Oh ! je l'eſpere bien auſſi.

LAMBERT.

Je verrai mille amans empreſſées à te plaire
　　　Sans que j'en prenne aucun ſouci.

LAURETTE.

Moi je vous fournirai dans peu, laiſſez moi faire,
De très-bonnes raiſons pour en agir ainſi.

LAMBERT,

Pour vivre déſormais en bonne intelligence
Je ſçais un bon moyen; ayons de l'indulgence
Et paſſons-nous tous deux quelque vivacités.

LAURETTE.

Moi j'en ſçais un meilleur, & qui des deux côtés
Nous ſçauvera l'ennui de tant de complaiſance,
　　　Séparons nous.

LAMBERT.

Quel arrêt inhumain !
Nous féparer.

LAURETTE.

Que ferviroît d'attendre ?
C'eſt un parti qu'il foudroit toujours prendre,
Il vaut mieux que ce ſoit aujourd'hui que demain

LAMBERT.

Quoi tu pourrois former un tel deſſein ?
Tu garderois ce prix cruelle !
A tant de ſoins, à tant de zèle,
Que j'eſperois ne pas placer envain !

LAURETTE.

Mais, Monſieur, rendez vous juſtice,
Tout ce zéle & ces ſoins, puiſqu'il faut les
priſer,
Vous donnent-ils le droit de me tyranniſer ?
Faut-il de mon repos leur faire un ſacrifice ?
Et quelle loi peuvent-ils m'impoſer
D'être ici le jouet d'un éternel caprice ?
Non, Monſieur, il eſt tems que je m'en affran-
chiſſe ;
Je n'ai que trop ſouffert d'un tyran, d'un jaloux,
Qui pour un rien s'enflammant de courroux,
Même de ſon Amour ſçait me faire un ſupplice.

LAMBERT.

Je reconnois ma faute & veux la reparer.

LAURETTE.

Il n'eſt plus tems il faut nous féparer.

LAMBERT.

A I R.

Grace, ſois plus traitable,

Charitable,
Pitoyable,
Favorable·
Au repentir d'un coupable ;
Montre lui quelque pitié,
Quelque amitié.

RÉCITATIF.

C'est l'Amour qui m'anime,
S'il m'a fait trop écouter un courroux,
Que j'ai cru légitime ;
L'Amour qui fait le crime
Doit faire aussi l'excuse d'un jaloux.
Grace, grace pour un coupable,
Montre lui quelque pitié,
Quelque amitié.

Pour t'appaiser que faut-il que je fasse ?
Faut il pour obtenir ma grace,
Que je la demande à genoux,
M'y voilà calme ton courroux.

(*Il se jette aux genoux de Laurette.*)

SCENE V.

LES PRE'CEDENS, TRACOLIN.

TRACOLIN *le surprenant.*

AH! ah! je puis à mon tour vous y prendre.

LAMBERT *se relevant brusquement.*

Oh! que je suis confus qu'il ait sçu me surprendre ?

LAURETTE *à Tracolin.*

Fort à propos, Monsieur, vous arrivez ici,
J'ai besoin de votre préfence
Pour finir cette affaire ci,
Et pour faire connoître à fond comme je penfe.

TRACOLIN *fe felicitant.*

Mademoifelle... grand merci.

(*à part.*)

Oh! je vois clairement la fin de tout ceci,
Elle me va donner la préference.

LAMBERT *triftement.*

Elle me va prononcer ma fentence.

LAURETTE.

Je vais tout haut déclarer mon vainquer,
Je ne puis mieux, je crois, l'affurer de mon cœur,
Qu'en rendant un rival le témoin de fa gloire.
Lambert voilà ma main.

(*Tracolin qui préfentoit déja la fienne refte confondu.*)

LAMBERT *furpris agréablement.*

Oh ciel, le puis-je croire!

LAURETTE.

Oui, ta foumiffion appaife mon courroux ;
Et puifqu'il faut tout dire en des momens fi doux,
J'ai voulu feulement allarmer ta tendreffe,
Pour m'en affurer mieux.

TRACOLIN *fortant de fon étonnement.*

Ah petite traîtreffe !
C'eft donc à moi que vous faite la piéce ?

LAURETTE.

Je ne veux point chercher à m'excufer,

Mais en vous écoutant, Monsieur, je le confesse,
J'aurois pû davantage encor vous abuser.

TRACOLIN.

Quoique je sois peu fait à pareille avanture,
Je n'airai pas m'en pendre, je vous jure ;
Je serai plus heureux peut-être avec le tems,
Je reviens ici tous les ans.

(*à Lambert.*)

Toi cependant, touche là sans rancune ;
De tout mon cœur mon cher Lambert
Je te fais compliment de ta bonne fortune ;
Et de crainte qu'ici ma présence importune,
Je vais joindre la haut les acteurs du concert.

SCENE DERNIERE.
LAMBERT, LAURETTE.
DOU EN DIALOGUE.
LAURETTE.

A Celle qui t'engage,
Donne ta main pour gage
De ta sincere ardeur.

LAMBERT.

Oui du plus tendre hommage
Reçois, reçois pour gage
Et ma main & mon cœur.

LAURETTE.

Je t'aime.

LANBERT.

Je t'aime.

ENSEMBLE.

Cent fois plus que moi même.
Et nuit & jour
Je meurs d'amour.

F I N.

ARIETTES
à
DU MAÎTRE
DE MUSIQUE.

ACTE PREMIER.

LAMBERT,

duire Sans rien produire, C'est toujours pi- re

Va-laisse moi —·— Tais toi tais toi, Ah quel mar-

tire, Sans cesse instruire Ah quel marti-re Sans cesse

instruire, Cent fois re-dire, Cent cent fois re-dire

Sans rien produire   Sans rien produire Et

LAURETTE.

laisse laisse moi Va va ça laisse moi ça laisse moi Tais

toi, Tais toi, Tais toi,   Va laisse moi.

LAURETTE.

Un Pilotte battu de l'o- rage, Loin du

Port & du rivage, Et bientôt près du nauffrage De la

fureur du vent sçait faire u- sage Pour un tems il ce-

de il ce-   de Il ce-   de à leur rage,

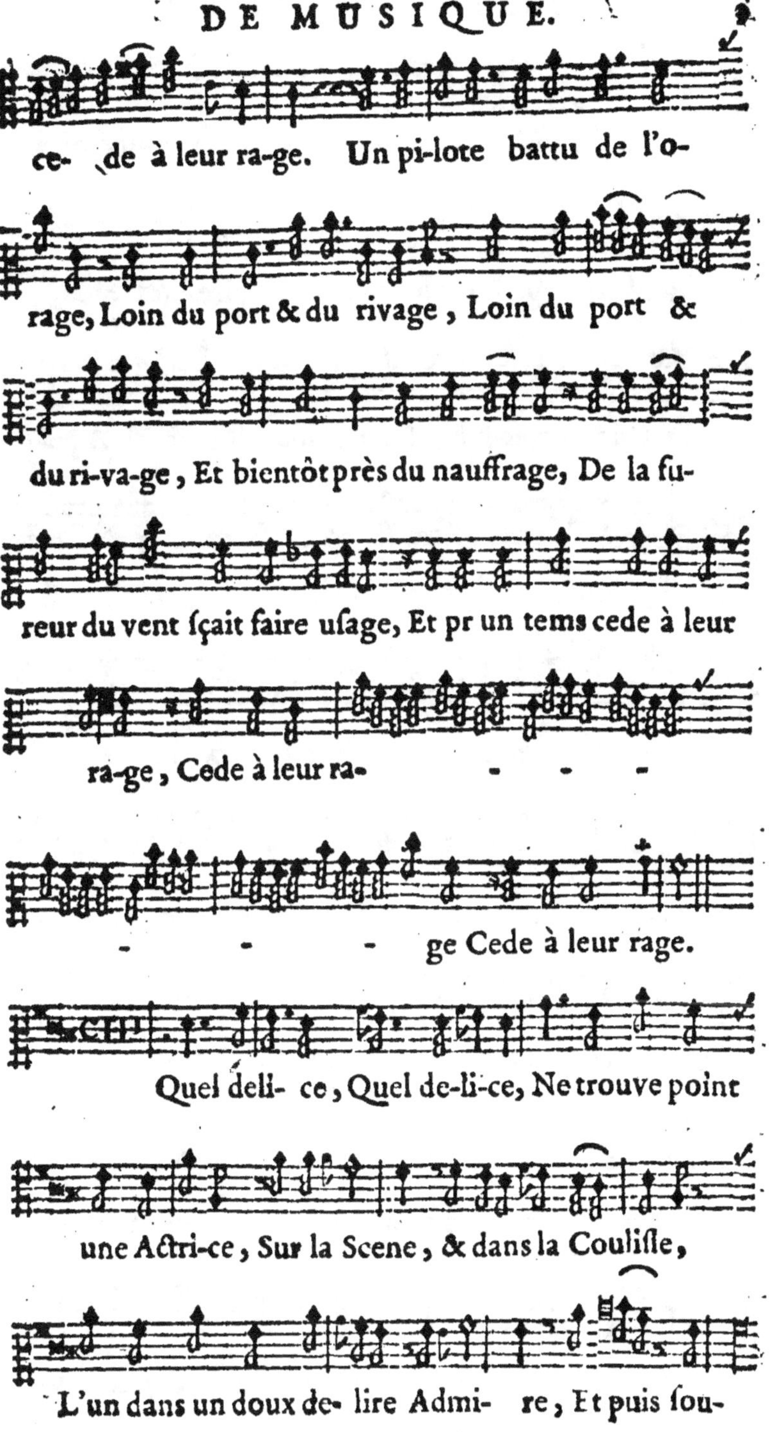
ce- de à leur ra-ge. Un pi-lote battu de l'o-
rage, Loin du port & du rivage , Loin du port &
du ri-va-ge , Et bientôt près du nauffrage, De la fureur du vent fçait faire ufage, Et pr un tems cede à leur
ra-ge , Cede à leur ra-
ge Cede à leur rage.
Quel deli- ce , Quel de-li-ce, Ne trouve point
une Actri-ce , Sur la Scene , & dans la Coulifle,
L'un dans un doux de- lire Admi- re , Et puis fou-

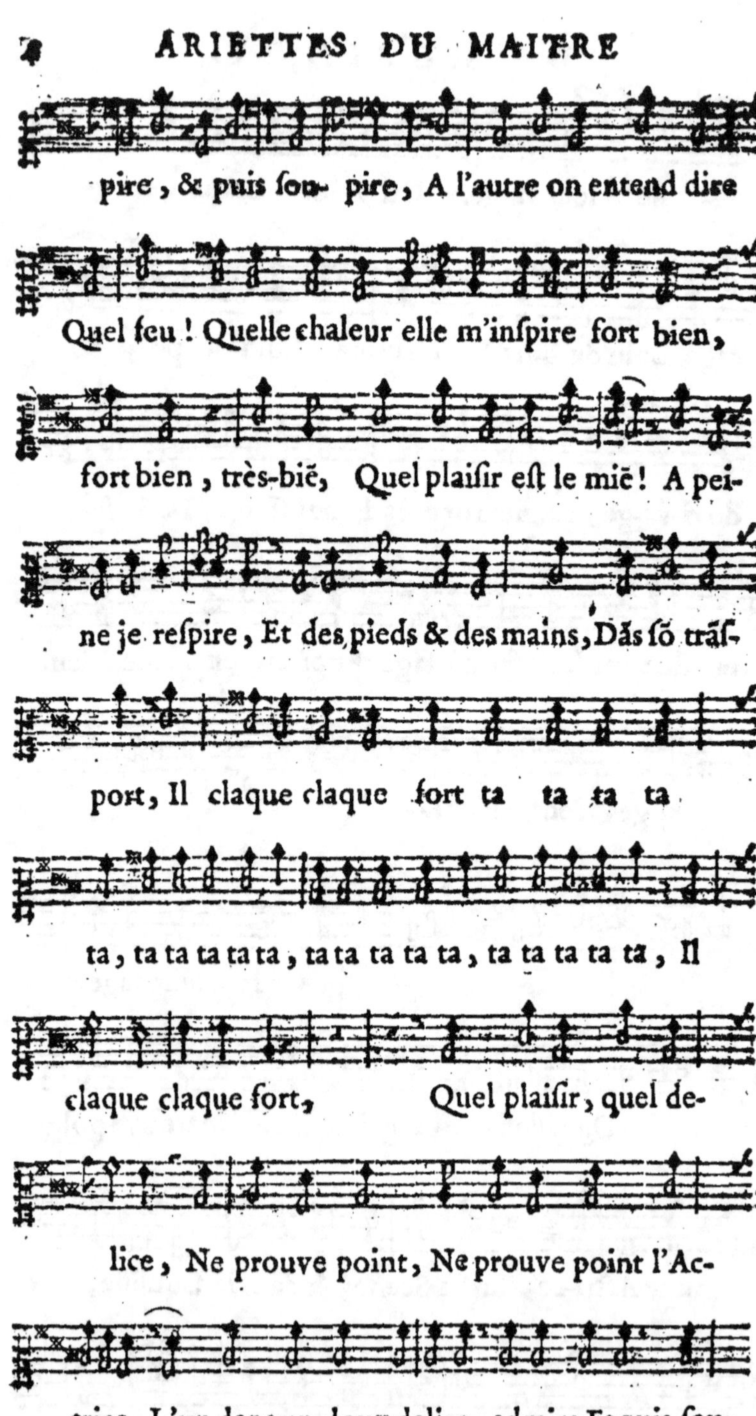
pire, & puis fou- pire, A l'autre on entend dire
Quel feu ! Quelle chaleur elle m'infpire fort bien,
fort bien , très-biĕ, Quel plaifir eft le miĕ! A peine je refpire, Et des pieds & des mains, Dăs fŏ trăf-
port, Il claque claque fort ta   ta ta ta
ta, ta ta ta ta ta, ta ta ta ta ta, ta ta ta ta ta, Il
claque claque fort,   Quel plaifir, quel de-
lice, Ne prouve point, Ne prouve point l'Actrice, L'un dans un doux delire , admire Et puis fou-

pi- re, Et puis foupi-re, Et puis foupire, Plus
loin, à l'autre on entend dire A peine je ref- pire, A
peine je ref-pi- re, fort bien, très-bien, quel
feu quelle chaleur elle m'infpire L'envie aura beau
dire, Il faut claquer bien fort, ta ta ta ta ta ta ta ta ta
ta ta ta ta ta ta ta ta ta ta ta claquer fort claquer
fort; & d'un commun effort Claquer claquer fort.
LAURETTE.
Suis-je bien, pour une Actrice,
Vrai, fuis - je bien ? Vrai, fuis - je bien ? Dites

moi fans artifice, Croyez vous qu'on m'aplaudiffe, Ce maintien, fuis-je bien? Ah! je n'ofe je
n'ofe, je n'ofe, je n'ofe me flatter me fla-ter de rien
Dites moi fuis-je bien? Sans artifice, fuis-je
bien? Croyez vous qu'on m'aplaudiffe? Qu'en public je reuffiffe? Mais helas! n'ai-je pas l'air trop novice, Ah! pour une Actrice, Eh, pour la couliffe Eh
je n'ofe, je n'ofe, je n'ofe, je n'ofe me flatter me flatter de rien.

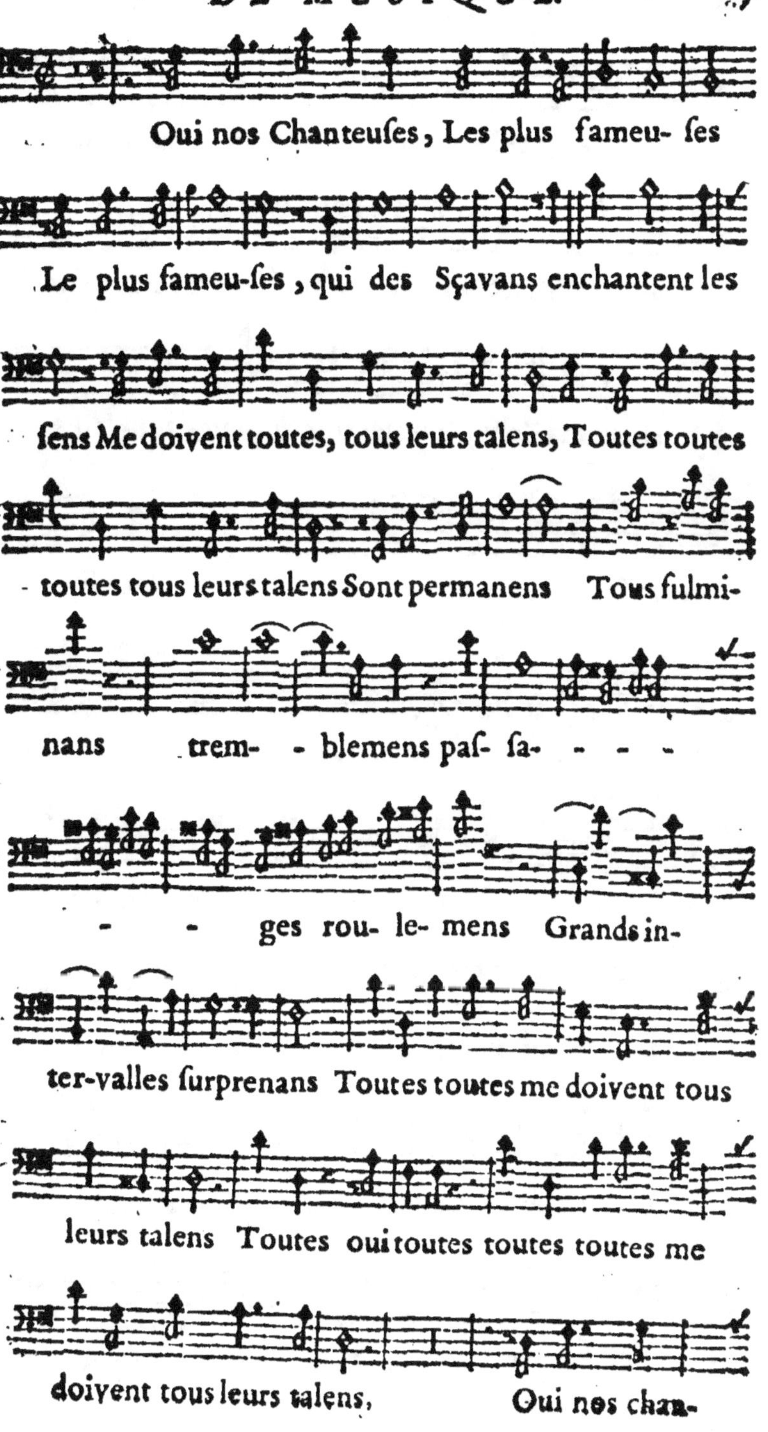

Oui nos Chanteuſes, Les plus fameu- ſes
Le plus fameu-ſes , qui des Sçavans enchantent les
ſens Me doivent toutes, tous leurs talens, Toutes toutes
- toutes tous leurs talens Sont permanens   Tous fulminans   .trem- - blemens paſ- ſa- - - -
- - ges rou- le- mens Grands in-
ter-valles ſurprenans Toutes toutes me doivent tous
leurs talens Toutes oui toutes toutes toutes me
doivent tous leurs talens,   Oui nos chan-

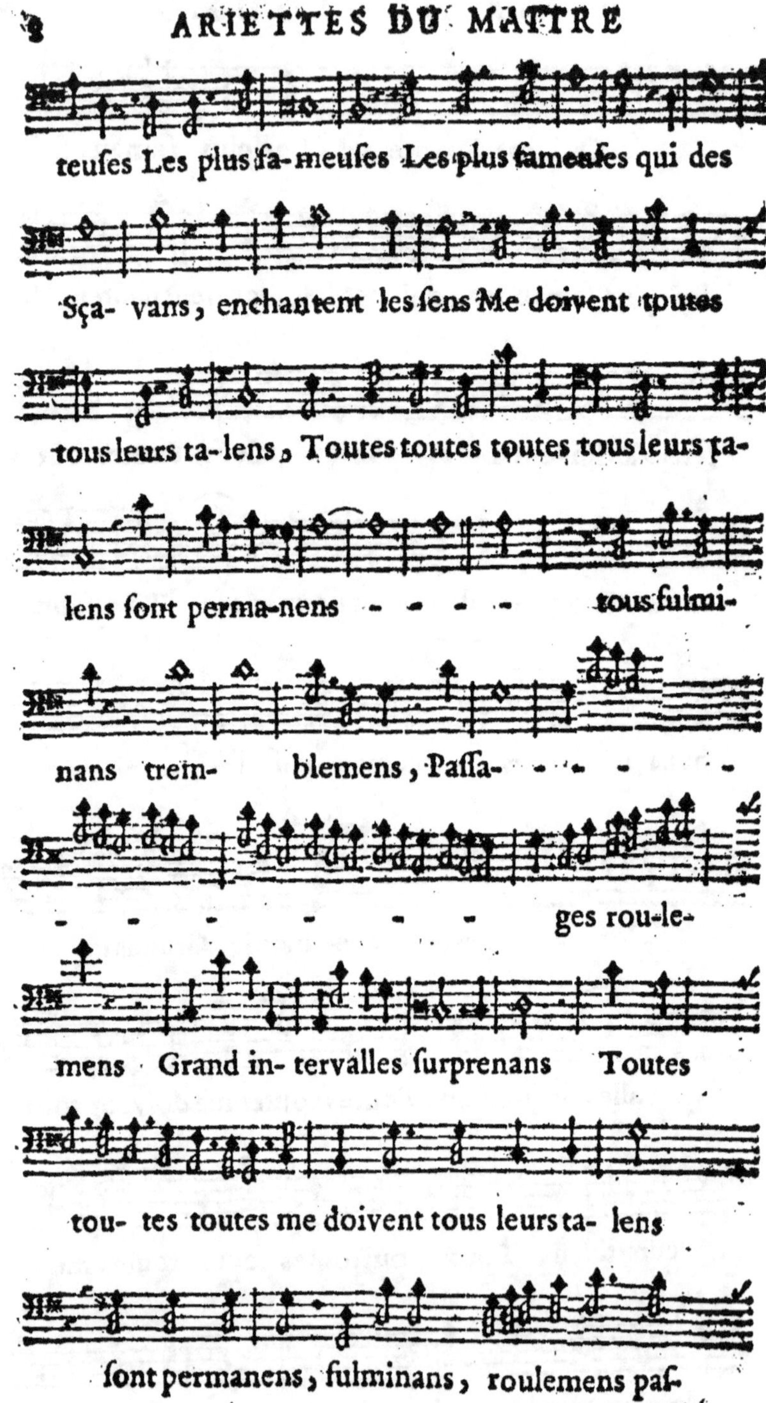
teuses Les plus fa-meuses Les plus fameuses qui des
Sça- vans, enchantent les sens Me doivent toutes
tous leurs ta-lens, Toutes toutes toutes tous leurs talens font perma-nens - - - tous fulmi-
nans trem- blemens, Passa- - -
ges rou-le-
mens Grand in- tervalles surprenans Toutes
tou- tes toutes me doivent tous leurs ta- lens
font permanens, fulminans, roulemens pas-

sages tremblemens, Toutes toutes me doivent tous
leurs talens, Toutes toutes Tous leurs talens.
La pudeur qui me guide Me rend me
rend ti- mide, Je n'ose, je n'ose je n'ose lever les yeux,
Si quel- que curieux auprès de moi se pla-ce, auprès de moi se pla-ce Et me regarde en fa-ce, Je suis toute hon- teuse, toute hon- teu-se, hon-teu- se de ce- la
Ma langue s'emba- rasse s'embarasse, En lui disant de
gra-çe, Souffrez, Monsieur de gra- ce de gra-

ce Que je paſſe Je ne puis reſter là, où me voi-
là ; où me voi- là, La pudeur qui me guide, me rend Me rend timide Je n'oſe, je n'o-ſe
je n'oſe lever les yeux, Si quelque cu- rieux,
Auprès de moi ſe place, Auprès de moi ſe
pla-ce, Et me regarde en fa- ce Je ſuis toute hon-
teuſe toute honteu- ſe honteu- ſe de ce- la
Ma langue s'embaraſſe, s'embaraſſe En lui diſant de
grace; Souffrez Monſieur de gra- ce de gra- ce

que je paſſe, Je ne puis reſter là, Où me voi-là
où me voi- là, Je ne puis reſter là, Si
quelque temeraire Pouſſoit trop loin l'affai- re,
Pouſſoit trop loin l'affai- re, Moi qui ſuis bonne
bonne, bonne, Et ne me fache guere J'excite
ma colere; Et lui dit d'un ton ſevere , Eh mais monſieur, mais finirez vous donc ————— monſieur; Sachez, ſachez qu'on eſt fille d'honneur, Sachez ſachez qu'on a de la pudeur.

Si d'un a- me Propice à ma fla- me tu deviens
ma femme   En bombance   En magnificence
Je ferai depence Mais fur tout plein de complai-
fance De prevenance , En filence , Tout je verrai   par prudence, Je dormirai - - - -
fi l'on danfe , Je danferai   fans par- ta-ge,
Dans mon menage Ton fuffrage fera toujours la
loy Toujours la loy, fe- ra toujours la loy.
Si d'une a-me, propice à ma fla-me, Tu devien ma

femme En bombance en magnificence Je fe-
rai depence Mais sur tout plein de complaisance, de
prevenance, En silence, Tout je verrai, Je dormirai Je dormirai, je verrai, me tairai Sans par-
ta- ge, Dans mon menage Ton suffrage se- ra toujours la loy tou-jours la loy, Sans di-re pourquoi ton suffra- ge fe- ra la loy.
LAMBERT.
Le feu me monte au vi- sage, Voilà donc tout
l'avan- tage, D'avoir formé son bas âge, Pour le

C

prix de tant de soin, de tant de soin cette vo-
lage, Avec u-ne autre s'en-gage Quel outrage quel outrage Et mes yeux en sont te-
TRACOL.
moins en font temoins en font temoins. J'avois
fait un heureux voy- age, Et fans crainte du naufrage Je bra- vois déja l'o- rage Quand le vent
qui devient fort, qui devient fort Et qui fait ra-ge
Me repouffe du rivage Quel dommage, quel dommage J'allois entrer dans le port dans le port

LAURETTE.

LAURETTE.

TRACOLIN.

LAMBERT.

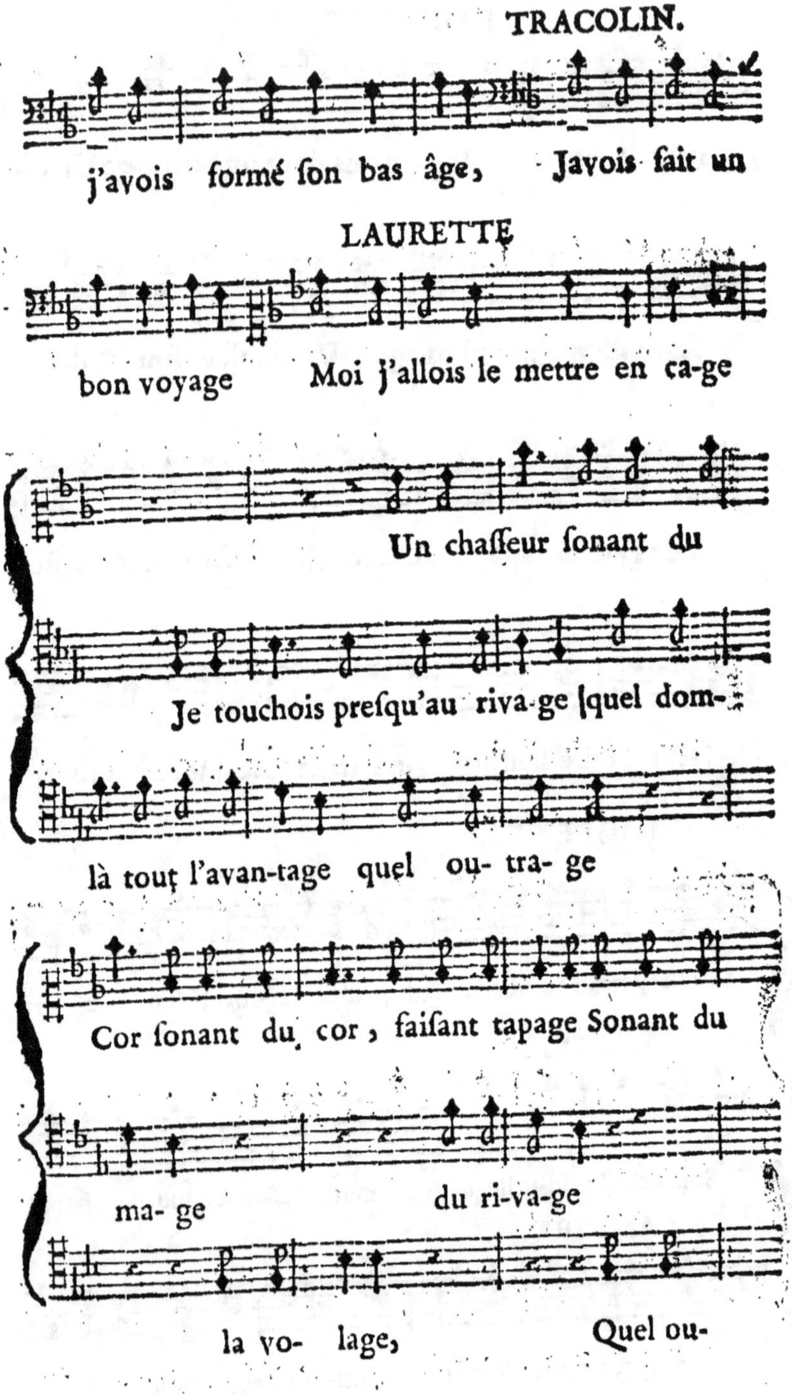
TRACOLIN.
j'avois formé son bas âge, J'avois fait un
LAURETTE
bon voyage Moi j'allois le mettre en ca-ge
Un chasseur sonant du
Je touchois presqu'au riva-ge quel dom-
là tout l'avan-tage quel ou- tra- ge
Cor sonant du cor, faisant tapage Sonant du
ma- ge du ri-va-ge
la vo- lage, Quel ou-

Cor faisant tapage, Et lui fait prendre l'ef- for.
quel dommage, J'allois entrer dans le port
trá- ge ! me- ri-tois-je un pareil fort. Un autre aujourd'hui l'en-gage La vo-lage, la vo-lage ,
moi j'al-
Je touchois presqu'au rivage, Quel domage ,————

lois le mettre en cage, Dans ma cage, dans ma cage,
quel do-
dans ma cage   dans ma cage
mage   au ri- vage
La vo-
Un chaſſeur ſonant du Cor, faiſant ta-
quel domma- ge,
lage   Quel ou

page fonant du Cor , faifant tapage , & lui
quel dom-ma- ge   j'allois
trage ,   quel ou-   trage   meri-
fait prendre l'ef-for
entrer dans le port.
tois-je un pareil fort, meritois-je un pareil fort.
TRACOLIN
J'allois entrer dans le port dans le port dans le port.
LAURETTE
moi j'allois le mettre en cage il prend l'effor quel
trifte fort quel trifte fort quel trifte fort.

ACTE SECOND.

TRACOLIN.

rit eſt dans le cas, Mais chut, parlons bas,
Mais chut parlons bas, Eſt-ce choſe ſi nou-
vel-le tel qui rit eſt dans le cas & ſans faire ce fracas , Tout ce fra- cas , Tout ce fra- cas.
L'ECOLIERRE.
Le ba- di- na- ge L'humeur vo- la- ge
Sont du bel â- ge l'heureux partage Quand on s'en-
ga-ge , Quand on s'engage Dans le bel age , Quãd
on s'en-ga-ge On n'eſt pas ſa- ge Et les regrets en ſont bien près Le ba-di- nage

L'humeur vola- ge Sont du bel â-ge L'heureux
partage Quand on s'en- ga ge Dans le bel-âge
Quand on s'enga- ge On n'eſt pas ſage Et les regrets, Quand on s'engage , Dans le bel âge   en
ſont bien près, Quand on s'enga- ge , en ſont biẽ
près   Quand on s'engage en Sont bien près.
LAMBERT.
Non je ſuis trop en colere Me diras tu le contraire ___________quand moi même J'ai
vû, moi-mêmê, J'ai vû le temeraire, Quand j'ai

vû le temeraire qui te faifoit les yeux doux, Pourquoi
faire étoit-il à tes genoux
Non je fuis trop en colere,
Peut tu dire le contraire
Quand j'ai vû, Qand j'ai vû le temeraire Quãd j'ai
vû le temeraire qui te faifoit les yeux doux, Pourquoi
faire étoit-il à tes genoux
Vaine rufe mauvaife excufe, Vaine ru-fe
mauvaife excufe, Me crois tu donc affez bufe,

pour m'en laiſſer amuſer ; Me crois tu donc aſſez
buſe, Me crois tu donc, Me crois tu donc, Mais voilà comme on s'abuſe, Quand on penſe à m'abuſer, Quand on penſe à m'abuſer, m'abuſer.
LAMBERT.   D A C A P O.
Deſormais je ſaurai mieux m'en defendre
Je prouve trop à quoi l'on doit s'attendre, Quand on
ſe laiſſe ſurprendre à de perfides attraits J'ai ſçû l'a-
prendre j'ai ſçû l'aprendre, Je ne l'oublirai jamais , jamais , jamais, Je ne l'oublirai jamais

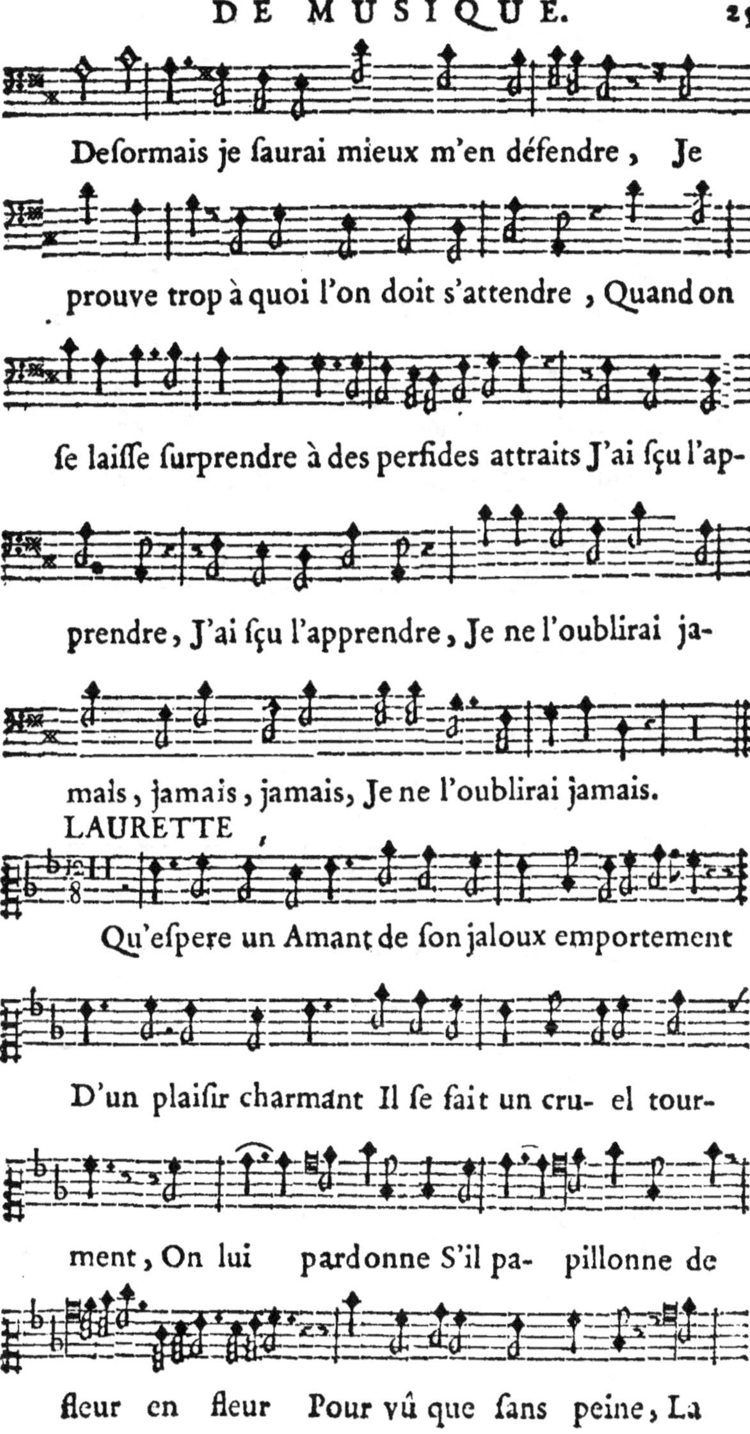

Desormais je saurai mieux m'en défendre , Je
prouve trop à quoi l'on doit s'attendre , Quand on
se laisse surprendre à des perfides attraits J'ai sçu l'apprendre, J'ai sçu l'apprendre, Je ne l'oublirai jamais, jamais, jamais, Je ne l'oublirai jamais.
LAURETTE ,
Qu'espere un Amant de son jaloux emportement
D'un plaisir charmant Il se fait un cru- el tourment, On lui   pardonne S'il pa- pillonne de
fleur en fleur Pour vû que sans peine, La

mour le ramene, Le ra- mene Sans peine à
son premier vainqueur; Mais un Sauvage
Qui prend ombrage D'un badinage, fi eh
fi, eh fi, eh fi, Franchement je vous le dis, fi, eh
fi, eh fi, eh fi, franchement je vous le dis, je vous le
dis, je vous le dis, Franchement je vous le dis.
Il faut en aimant être toujours content, pre-
venant, complaisant, accomodant, toujours a-
musant, Et si le faut chantant, dansant, fo- là

trant à tout moment; Mais un Sauva- ge ,
Pour rien faisant tapa- ge Qui prend ombrage Du moindre badi- na-ge , Il n'est pas
sage , Je vous le dis, Je vous le dis, Je vous le dis,
Eh, je vous le dis fi , Si d'un sauva- ge Qui
prend ombrage D'un badi- nage fi, eh fi, eh
fi , eh fi, franchement je vous le dis , je vous le
dis, Je vous le dis, franchement je vous le dis.

LAURETTE.

Ingrat je romps ma chaîne Je romps ma

chaîne, Je romps ma chaîne, Je te promets, toute ma
Tendrement.
haîne pour jamais ingrat, Je te la promets he-
las J'ai beau le di- re Mon cœur ne le pense pas,
he- las, Il soupire; Il soûp- ire he- las, il
soûpi- re tout bas, he-las, il soûpi- re Soûpi-re
tout bas. Ingrat je romps ma chaîne Je
te promets toute ma Haine, he- las, j'ai beau le
di- re, Mon cœur ne le pen- se pas. Ingrats je
romps ma chaîne, Je te promets toute ma haine Je

te promets toute ma hai- ne , Oui je te la promets,

Oui je te la promets , Helas j'ai beau le di-　re , Mon

cœur ne le pen-se pas, He- las　il soûpi-re

Il soû-pi- re he- las, Il soûpire tout bas , He-

las il soû-pi- re , soûpi- re tout bas.

CLARINEL.

Ah , ah , ah , mon cœur soûpire, Ah , ah ,　ah ,

Cloris expire , mais quand tu vois ce fier mar-

ti- re en doit tu ri-　re , ri-re ainsi　fans en a-

voir aucun souci.　Quand j'expire dois tu rire

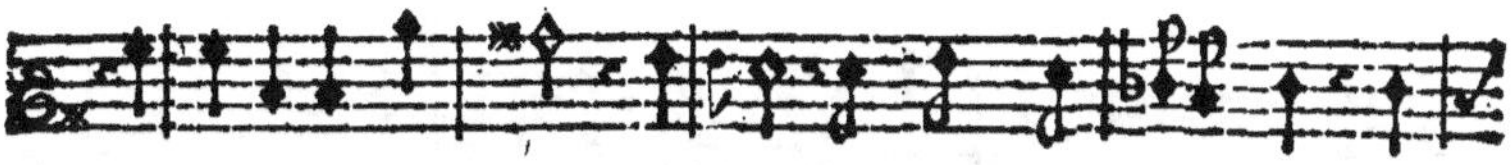

F

Quand j'expire doit tu rire, En doit tu rire,
En doit tu ri-re, En doit tu ri- re, rire ain-fi,
Sans en avoir aucun fouci. Mais il
faut enfin prendre parti. Je renonce à l'inhumaine Et d'une fi rude chaîne Rude chaine, rude
chaîne, pour jamais, Enfin je fuis forti. Je renonce à l'inhumaine, Et d'une fi rude chaîne,
Pour jamais pour jamais, Enfin je fuis forti Enfin,
je fuis, enfin for-ti pour jamais Enfin je fuis forti.

LAURETTE.

Grace, grace ſois plus traitable, chari-
table Pitoy- able, favo- rable.
Au repentir d'un coupable, Montre lui quelque pi- tié, quelque pi- tié, quelque pi- tié.
Sois plus traitable, Grace, grace pour un coupable, Grace, grace Pi- tié, pi- tié quelque pi- tié, quelque pi- tié, quelque pi- tié, quel
que a-mitié C'eſt l'amour qui m'anime
S'il m'a f it trop écouter un courroux que j'ai cru

LAURETTE & LAMBERT.

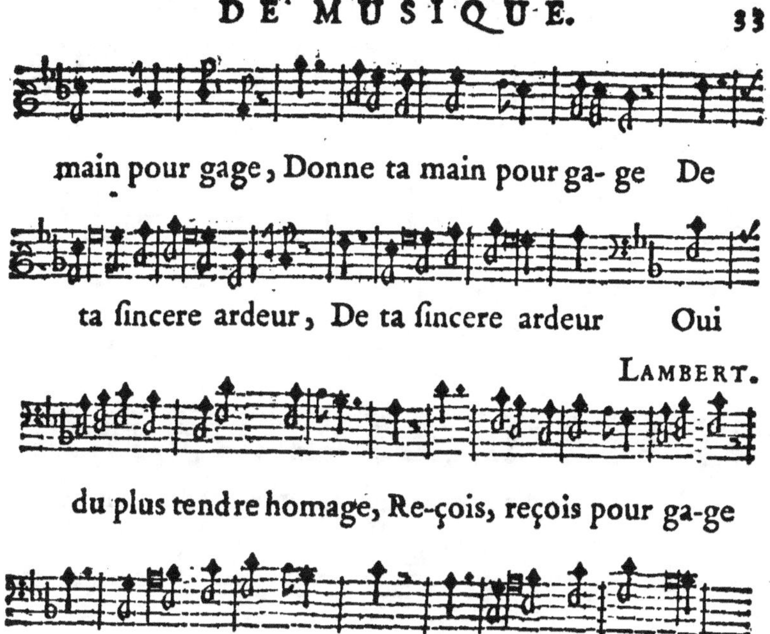
main pour gage, Donne ta main pour ga- ge   De
ta fincere ardeur, De ta fincere ardeur   Oui
LAMBERT.
du plus tendre homage, Re-çois, reçois pour ga-ge

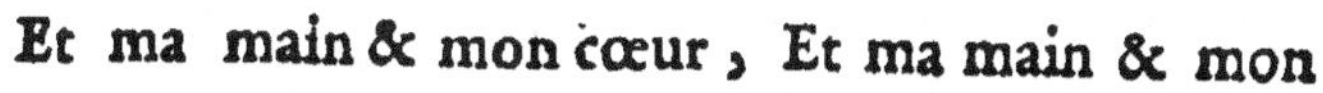
Et ma main & mon cœur , Et ma main & mon

Je t'aime   Oui,   oui je t'aime
cœur   Je t'aime   Oui

cent fois plus que moi-même,
Oui je t'aime cent fois plus que moi-même,

Et nuit & jour   Je meurs d'a-mour
Et nuit & jour Je meurs je meurs d'a-mour

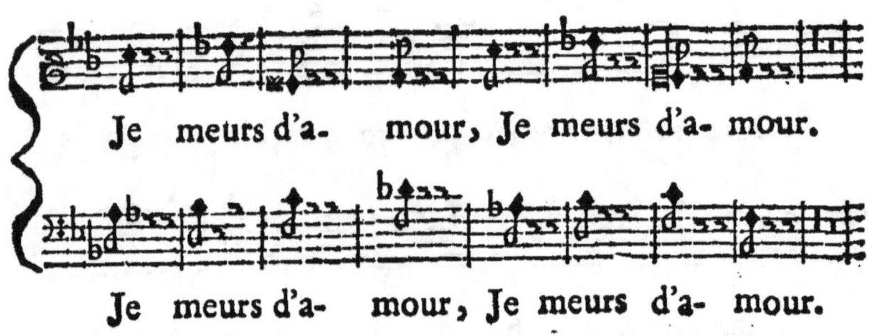
Je meurs d'a-   mour, Je meurs d'a- mour.
Je meurs d'a-   mour, Je meurs d'a- mour.

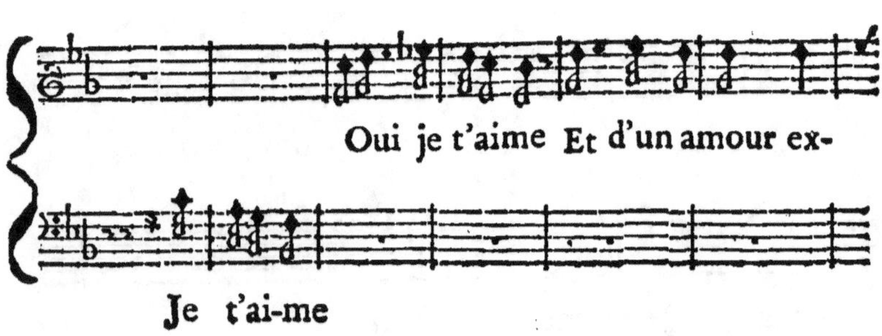
Oui je t'aime Et d'un amour ex-
Je t'ai-me

trême   Cent fois plus
Et d'un a- mour extrême Cent fois plus

que moi-même ———————— Et nuit &
que moi-même ———————— Et nuit &
jour je meurs d'a-mour, je meurs
jour je meurs Je meurs d'amour, je meurs
d'a- mour Je meurs d'a- mour, Oui je t'aime
d'a- mour Je meurs d'a- mour, Oui je t'aime
—————————————————— cent fois plus

que moi - même
cent fois plus que moi-même

Et nuit & jour   Je   meurs d'a-
Et nuit & jour   Je meurs, je meurs d'a-

mour, Oui je t'a-ime, oui je t'aime, je meurs d'a-
mour, Oui je t'aime, oui je t'aime, je meurs d'a-

mour, Je meurs d'a- mour.
mour, Je meurs d'a- mour.
F I N.

www.ingramcontent.com/pod-product-compliance
Lightning Source LLC
LaVergne TN
LVHW012013180726
843502LV00005B/1694